ENTRE LES LIGNES...

AU-DELÀ DES DISCOURS

ISBN :   978-2-9562473-1-9

Mail : cheriftidianeaidara@gmail,com

CHERIF TIDIANE AIDARA

ENTRE LES LIGNES...
AU-DELÀ DES DISCOURS

10 intéressantes leçons pour créer une vie inspirante.

Autoédition

Ce livre est dédié à ma femme, mes frères, mes sœurs et à toutes les personnes qui ont grandi à côté de mes parents.

Puisse Dieu nous aider, à notre tour, à transmettre à nos enfants des enseignements intéressants qui les aideront à créer une vie inspirante.

« Le rôle des parents n'est pas d'élever des enfants parfaits, mais de leur apprendre à devenir des êtres humains indépendants, éclairés, respectueux et assez confiants pour atteindre leurs buts et réaliser leurs rêves. »

« Ton héritage sera ultérieurement la manifestation de tout ce que tu as eu à donner dans la vie de plus profond et de meilleur. Il sera le reflet de la personne que tu es maintenant, et de la personne que tu veux être. Laisser un héritage, ce n'est pas impressionner tes amis ou atteindre le sommet. Ce n'est pas avoir l'air d'un homme de bien, mais faire le bien. C'est t'acquitter de tes obligations et réaliser ton humanité. »

Robin SHARMA

« Vous n'êtes pas ici simplement pour gagner votre vie. Vous êtes ici afin de permettre au monde de vivre plus pleinement, avec une plus grande vision, avec un sentiment d'espoir et de réussite. Vous êtes ici pour enrichir le monde et vous vous appauvrissez vous-même si vous oubliez votre mission. »

Woodrow WILSON

TABLE DES MATIERES

AVANT PROPOS

Naître au sein d'une bonne famille constitue un avantage incroyable dans la vie. J'ai eu la chance d'avoir des parents pieux et très pédagogues, qui ont une manière très spéciale d'éduquer, d'enseigner et de former. Ils ont une capacité unique d'enseigner sans *« enseigner »*. Le Prophète Mouhamed (*Paix et Salut sur Lui*) a dit : « *Un parent ne peut rien léguer de mieux à son enfant qu'une bonne éducation.* » Et mes parents nous ont donné, mes frères, sœurs et moi, une très bonne éducation. « *La grandeur d'un homme se mesure à la taille des personnes sur qui nous nous appuyons.* »

À travers cet ouvrage, j'aimerai partager avec vous dix enseignements reçus de mes parents, qui constituent aujourd'hui ma principale ligne de conduite et en profiter aussi pour leur rendre hommage.

« *Chaque être humain est un artiste, et sa plus grande œuvre est sa vie.* »

CHAPITRE UN

APPRENEZ À DONNER

« Aime à donner, pour donner assez. »

Anne BARRATIN

Étant enfants, mes parents avaient l'habitude de nous donner, mes frères et moi, de l'argent à distribuer aux enfants talibés[1] et aux demandeurs d'aumônes lors des prières des fêtes de Korité[2] et Tabaski[3]. C'était des occasions magiques. Je me revois encore en train d'attendre la vieille dame qui faisait le tour des rangées pour lui donner quelques pièces. Je revois encore les yeux pleins de gratitude des talibés de même âge que moi, ou parfois même plus, qui recevaient ces quelques pièces de moi. Je me sentais chanceux d'avoir cette opportunité de donner de l'argent à des enfants de même âge que moi. La seule différence entre eux et moi était que j'avais un toit et des parents qui prenaient bien soin de moi, eux étaient laissés à eux-mêmes, obligés de lutter chaque jour pour survivre, obligés de mendier pour se nourrir.

---

[1] Au sens étymologique du terme, au Sénégal un « talibé » est un élève ou un disciple apprenant le Coran

[2] Correspond à l'Aïd el-Fitr, la fête musulmane marquant la rupture du jeûne du mois de ramadan

[3] Correspond à l'Aid al-Adha ou la fête du mouton, elle représente la plus grande fête musulmane

En dehors de cela, ils nous envoyaient pour donner la Zakat[4] à des nécessiteux et aussi distribuer, lors de certaines fêtes, des ravitaillements et nourritures à des proches qui n'avaient pas trop de moyens pour qu'ils puissent bien fêter eux aussi comme tout le monde.

Par ce geste, mes parents m'éduquaient à l'art de donner sans rien attendre en retour, de partager avec les autres le peu qu'on a, de faire plaisir à l'autre, de se mettre au service des autres. Je me rappelle que je donnais tout ce que j'avais, il ne me restait plus rien en rentrant de la prière mais j'étais toujours content d'avoir fait plaisir à une autre personne. On dit *qu'il reste toujours du parfum sur la main qui donne des roses*, cela est entièrement vrai. Quelquefois même je réservais mon argent de poche à ces moments.

Benjamin FRANKLIN a dit : « *Tu me dis, j'oublie. Tu m'enseignes, je me souviens. Tu m'impliques, j'apprends.* » Mes parents avaient compris cela, ils n'avaient pas besoin de discourir pour nous apprendre à donner, ils nous impliquaient tout simplement, raison pour laquelle nous avons appris, bien appris même.

Ceci m'a poussé à développer une attitude altruiste, Chaque personne que je rencontre aujourd'hui, peu importe sa

---

[4] Mot arabe traduit par « aumône légale » est le troisième des piliers de l'islam

situation ou son niveau de réussite, j'ai juste envie de lui demander : *Que puis-je faire faire pour vous ?*

Ils ont fait de nous de véritables machines à donner, c'est devenu une habitude, une attitude tellement naturelle que nous ne réfléchissons plus à ce que nos dons font de nous. Ils nous ont montré le secret pour avoir un grand cœur. Et comme disait TOLSTOÏ : *« Un grand cœur, aucune ingratitude ne le referme, aucune indifférence ne le fatigue. »* Aucune ingratitude ne m'empêche de donner aujourd'hui, aucune trahison, aucune injustice, aucune indifférence.

Même si je dois donner pour me retrouver avec les poches vides, je le fais, et avec grand cœur. Ils m'ont appris le détachement total. James ALLEN a dit : *« La nature donne tout, sans réserve, et ne prend rien ; les hommes et les femmes qui s'accrochent à leurs possessions, perdent tout. »*

Voici une histoire inspirante racontée par Dan Clark :

« Un jour, quand j'étais adolescent, mon père et moi faisions la queue pour acheter des billets pour le cirque.

Finalement, il ne restait qu'une famille devant nous. Cette famille me fit une grande impression. Elle comptait huit enfants, qui semblaient tous avoir moins de douze ans. Il était facile de voir qu'ils n'avaient pas beaucoup d'argent. Vêtus pauvrement mais proprement, les enfants étaient polis et se tenaient par la main, en rang par deux, derrière leurs parents. Ils parlaient avec excitation des clowns, des éléphants et autres numéros qu'ils verraient ce soir-là. On devinait qu'ils n'avaient jamais assisté à une représentation de cirque. Ce serait le clou de leur jeune vie.

Les parents étaient en tête de la fière ribambelle. La mère tenait la main de son mari, le regardant comme si elle lui disait : « Tu es mon prince charmant. » Lui il souriait et, le torse bombé, il lui retournait son regard comme pour lui confirmer qu'elle avait raison.

La préposée demanda combien de billets le père souhaitait acheter. Il répondit avec fierté : « S'il vous plaît, huit places enfants et deux adultes pour que toute ma famille assiste au spectacle. »

La préposée aux billets indiqua le prix.

L'épouse lâcha la main de son mari et baissa la tête tandis que la lèvre inférieure du père se mettait à trembler. Il s'inclina davantage vers la préposée et demanda : « Combien avez-vous dit ? »

Elle répéta le prix.

L'homme n'avait pas suffisamment d'argent.

Comment se retourner et expliquer à ses huit enfants qu'il n'avait pas assez d'argent pour les emmener au cirque ?

Voyant ce qui se passait, mon père prit dans sa poche un billet de vingt dollars qu'il laissa tomber par terre (nous étions loin d'être riches, croyez-moi !). Mon père se pencha, ramassa le billet puis posa la main sur l'épaule de l'homme en lui disant : « Excusez-moi, Monsieur, ce billet est tombé de votre poche. »

L'homme savait bien ce qui se passait. Il ne demandait pas l'aumône, mais il était reconnaissant de l'aide apportée dans une situation déchirante et embarrassante. Il regarda mon père droit dans les yeux, prit sa main dans les siennes, referma ses doigts sur le billet de vingt dollars et, pendant qu'une larme coulait le long de sa joue, il répondit, la lèvre tremblante : « Merci, merci monsieur. Cela représente beaucoup pour moi et ma famille. »

Mon père et moi retournâmes à la voiture et rentrâmes à la maison. Nous n'avons pas assisté à la représentation du cirque ce soir-là, mais nous étions quand même très heureux. »

Le simple fait d'aider une personne de manière désintéressée nous donne une compensation émotionnelle qu'on ne saurait trouver ailleurs, une sensation unique. Un sage a dit avec raison : « *Vous ne pouvez éclairer le chemin d'un autre sans jeter de la lumière sur le vôtre.* »

Mes parents m'ont appris à détourner mes yeux de moi-même exclusivement et de les tourner vers les autres. Ils m'ont permis de comprendre et de vivre cette pensée de SENEQUE qui disait : « *Nul homme ne peut vivre heureux s'il ne tient compte que de lui-même, s'il tourne tout à son propre avantage. On doit vivre pour les autres si l'on veut vivre pour soi-même.* »

Je ne vis plus pour moi-même seulement, je vis aussi pour les autres. Il est nécessaire quelquefois de s'oublier complètement pour les autres. J'ai appris aussi que l'importance ce n'est pas la quantité d'argent qu'on gagne, mais le nombre de vies qu'on touche par nos actions, par notre aide, par notre générosité. J'ai aussi compris grâce à eux cette pensée de Woodrow WILSON, ancien président des Etats-Unis : « *On n'est pas ici-bas uniquement pour gagner sa vie. On est là pour permettre au monde de vivre plus pleinement, avec une plus grande vision, avec un sens aiguisé du chez-soi et de la réalisation de soi. On est là pour enrichir le monde, et on s'appauvrit quand on oublie les indigents.* »

En m'apprenant à donner de l'argent, mes parents me formaient en même temps sur l'art de donner avec le cœur, car il est plus difficile de donner de l'argent que sa propre personne. C'est la raison pour laquelle le Coran demande toujours de *faire la guerre sainte avec son argent, ensuite sa personne*. La satisfaction la plus grande s'obtient en faisant plaisir aux autres. Le bonheur le plus doux est celui qu'on partage. Le Rabbin Harold KUSHNER a dit : « *Le but de la vie n'est pas de gagner. Le but de la vie consiste à grandir et partager. Lorsque le moment sera venu pour vous de vous remémorer tout ce que vous aurez fait dans la vie, vous tirerez plus de satisfaction du plaisir que vous aurez apporté à la vie d'autres personnes que des fois où vous les aurez dépassées ou vaincues.* »

En apprenant à donner étant enfant, j'ai compris qu'il n'est pas nécessaire d'attendre d'être riche pour devenir généreux, il est possible de l'être peu importe sa situation. Le plus grand bonheur qu'on tire sur le fait de gagner de l'argent c'est le privilège de pouvoir en donner aux autres. Martin Luther KING junior a dit : « *Dans la vie, la question la plus persistante et la plus urgente à se poser est la suivante : que faisons-nous pour les autres ?* » Aujourd'hui, je me pose chaque jour cette question inspirante.

Apprenons à donner, formons nos enfants sur l'art de donner depuis le bas âge. Faisons comme certains moines tibétains. Chez eux, lorsque tu es jeune, ton père vient dans ta hutte chaque soir pour te demander quelle bonne action tu as faite dans la journée. Si tu n'en as pas faite, il t'oblige à te lever et en faire une avant d'aller dormir. Appliquons cela dans notre vie, faisons chaque jour au moins une bonne action pour les autres et de manière désintéressée, et formons nos enfants à cela. Faisons chaque jour des actes de gentillesse aléatoires, par exemple tenir la porte pour une personne, aider une personne avec des bagages, payer pour la voiture derrière nous dans une autoroute à péage, régler la facture pour une personne au supermarché, offrir une fleur à une personne dans la rue ou juste un sourire à une personne triste... Prenons la décision de donner quelque chose à chaque personne que nous rencontrons. N'oublions pas que le don n'est pas forcément matériel, en réalité les dons immatériels sont les plus importants : *l'amour, l'écoute, l'attention, la compréhension, les compliments, le sourire, l'empathie* ou même *la prière*. Mère TERESA l'a compris, raison pour laquelle elle dit : « *La faim d'amour et d'appréciation est bien plus grande en ce monde que celle que l'on rassasie avec du pain.* » Nous pouvons prier en silence pour chaque personne que nous rencontrons pour qu'elle puisse obtenir la réussite, la joie et le bonheur. Nous avons beaucoup de possibilités à notre disposition pour rendre service. Comme le dit John C MAXWELL :

- Les gens s'inquiètent… *donnez-leur de l'assurance !*

- Les gens veulent se sentir spéciaux… *complimentez-les avec sincérité !*

- Les gens souhaitent avoir un avenir meilleur… *donnez-leur des raisons d'espérer !*

\- Les gens veulent être compris… *écoutez-les !*

\- Les gens sont égoïstes… *répondez à leurs besoins d'emblée !*

\- Les gens dépriment… *encouragez-les !*

\- Les gens veulent s'associer au succès… *aidez-les à gagner !*

Surveillons aussi notre manière de donner, elle est très importante. Ce n'est pas parce que nous avons la possibilité de donner que nous sommes supérieurs. La personne qui reçoit le don est aussi importante que nous. Écoutons ce conseil du Dalaï Lama lorsqu'il dit : « *Ne vous considérez jamais comme supérieur à ceux que vous aidez. Personnellement, quand je rencontre un mendiant, je m'efforce toujours de ne pas le voir comme un inférieur, mais comme un être humain qui ne diffère en rien de moi.* »

Donnons autant que possible, l'humanité en a vraiment besoin. Mère TERESA a raconté une histoire dans son discours à Oslo lors de la réception de son prix Nobel le 10 Décembre 1979, une histoire qui me fait toujours réfléchir. (Si vous n'avez pas lu ce discours en entier, je vous recommande vivement de le faire.) Elle raconte : « *Il y a quelque temps - cela peut vous sembler très étrange - j'ai recueilli une petite fille dans la rue. Je pus voir sur son visage que cette enfant avait faim. Dieu sait depuis combien de jours elle n'avait pas mangé ? Je lui ai donné un morceau de pain. Et la petite fille se mit à manger ce pain miette par miette. Et comme je lui disais : « Mange ce pain », elle me regarda et dit : « J'ai peur de manger ce pain parce que j'ai peur d'avoir de nouveau faim quand il sera fini. »*

Les personnes meurent de faim, non pas à cause d'un manque de nourriture mais à cause de la cupidité des gens car le monde regorge de ressources capables de nourrir toute l'humanité. Nous avons aujourd'hui perdu cette attitude de donner de l'amour aux autres. L'abondance doit circuler. Dans notre société, on dit souvent qu'il faut donner ce qui se trouve dans la main pour qu'elle puisse se remplir de nouveau de ce qui se trouve dans le bras et l'avant-bras. Et la part de ces derniers est plus importante.

La vie est faite de boomerang, tout ce que nous envoyons, tout ce que nous donnons nous revient tôt ou tard, peut-être parfois sous différentes formes. Anthony ROBBINS a dit : « *Souvenez-vous de Dieu dans la prospérité et Il se souviendra de vous dans l'adversité.* » Cette citation me rappelle cette histoire vraie du docteur KELLY, décédé en 1943. Quand il n'était encore qu'un jeune garçon, le docteur Howard KELLY faisait du porte-à-porte dans le but de payer ses études. Affamé, il frappa à une porte et une merveilleuse jeune fille lui offrit un verre de lait. Plus tard cette jeune fille tomba gravement malade et les médecins locaux pensaient qu'elle était condamnée. Elle partit se faire soigner dans une grande ville et le docteur KELLY, l'un des spécialistes l'a reconnue. Il promit alors de faire tout son possible pour la sauver. Quand la facture exorbitante des soins arriva, la patiente put lire : « *Payée entièrement avec un grand verre de lait* », du fait qu'elle l'avait aidé quand il était dans le besoin quelques années plutôt.

N'oublions jamais que donner est notre plus belle manière de communiquer. Je vous laisse avec cette pensée de Dave THOMAS : « *Tout le monde ne vit qu'un temps. L'unique chose dont les gens se souviendront à votre sujet, ce n'est pas combien d'argent vous aurez fait ou les affaires que vous aurez conclues. Ce dont ils se souviendront, c'est si vous étiez un bon gars.* » Soyons de bons gars et donnons de manière désintéressée.

CHAPITRE DEUX

CHOISISSEZ VOTRE ENVIRONNEMENT

« L'homme est le produit de son milieu. »

En 1993, nous avons déménagé d'un quartier populeux vers un quartier résidentiel. Notre ancien quartier était très animé et il y était difficile de bien surveiller ses enfants et de les éduquer. Mais ce nouveau quartier était calme avec des maisons spacieuses, agréables à vivre et situé à quelques minutes de tous les points importants de la ville : écoles, marché, stade, mairie, poste, banque, école coranique, mosquée…

Dans ce quartier, il n'y avait pas de classe d'âge, les jeunes s'asseyaient avec les adultes pour débattre et discuter. Nous jouions au football ensemble. Cela a très tôt éveillé notre conscience sur beaucoup de choses. On dit souvent que nous sommes la moyenne des personnes que nous fréquentons le plus.

Le proverbe dit aussi : *Dis-moi qui tu fréquentes et je te dirai qui tu es.* Le fait de s'entourer de gens positifs et inspirants permet d'être positif et de progresser rapidement. Le milieu détermine l'individu car l'environnement agit sur lui. De façon scientifique, il a été prouvé que chaque environnement active des gènes différents dans notre corps. C'est ce qu'on appelle *l'épigénétique.*

Lorsque nous fréquentons des personnes de hautes moralités, forcément nous allons développer la plupart de ces valeurs. Et s'il nous arrive de flancher, nous trouverons auprès d'elles réconfort et soutien pour nous relever.

Dans la vie si l'on veut être meilleur dans un domaine, il faut côtoyer les meilleurs. Aujourd'hui, j'évolue au milieu de gens bien qui m'inspirent et qui me font vibrer ! Et évoluer dans un tel cadre ne peut que rendre meilleur. Aussi je me suis rendu compte que lorsqu'on veut avoir un bon ami, il faut en devenir un d'abord.

Si nous voulons avancer dans la vie, réussir brillamment et vivre nos rêves, il est nécessaire de vivre avec des gens positifs, qui veulent aller de l'avant et se battent pour leurs objectifs. Bob NARDELL a compris l'importance de l'entourage lorsqu'il dit : « *Je suis persuadé qu'à moins d'être dirigée et conseillée, une personne ne peut réaliser son plein potentiel.* » Pour atteindre notre plein potentiel, nous avons besoin d'un entourage inspirant, qui nous conseille, qui nous oriente, qui nous dit la vérité sur nous-même et qui ne nous glorifie pas seulement. Notre ego peut parfois nous leurrer et nous voiler la réalité, mais lorsque nous côtoyons de bonnes personnes, elles nous le feront savoir, sans nous blesser, sans nous rabaisser. Je suis d'accord avec

KRISHNAMURTI lorsqu'il dit : *« Les relations sont sûrement le miroir dans lequel on se découvre soi-même. »*

C'est difficile d'avoir une vie positive si nous nous entourons de personnes négatives. Aussi positives que nous soyons, si nous ne nous entourons que de personnes négatives, à la longue nous risquons de devenir comme elles.

S'entourer de personnes qui réussissent nous donne de l'espoir et nous fait dire intérieurement : *« Il l'ont fait, moi aussi je peux le faire donc. »* Tous les grands leaders ont réussi grâce à leur entourage, grâce à leur équipe. Nous ne pouvons pas réussir sans l'aide des autres.

Si l'on veut réussir, il faut qu'on soit dans un environnement qui nous permet d'exprimer pleinement nos potentiels. Voici une histoire inspirante :

C'est l'histoire d'un petit garçon qui a des difficultés scolaires. En CP, il se plaint de ne plus avoir assez de temps pour jouer et l'apprentissage de la lecture est une tâche difficile pour lui. Né en décembre et aîné de la famille, il lui aurait peut-être fallu une année supplémentaire de maternelle pour acquérir de la maturité. Sa maman, chaque soir, l'aide du mieux qu'elle peut et les années passent. Bon gré, mal gré, il passe de classe en classe avec des résultats médiocres. Il faut dire que c'est un petit garçon persévérant !

*En fin de CM2 son instituteur le laisse passer au collège mais l'avertit qu'il redoublera certainement sa classe de 6ème ou de 4ème. Il franchit ces 2 étapes malgré tout. En seconde, un professeur lui annonce en présence de sa mère qu'il n'a rien à faire au lycée et qu'il faut envisager une réorientation en lycée professionnel. Les parents et l'adolescent ne sont pas d'accord, mais que faire ? Une idée germe dans leur esprit. Le petit garçon a toujours adoré suivre son père dans ses travaux agricoles. Gamin, il préférait aider à faire la moisson que partir en vacances. Pourquoi ne pas le faire redoubler dans un lycée agricole ? Et là, c'est le déclic. Dans un **environnement** qui lui convient et avec des matières qui lui parlent, le jeune homme devient vite premier de sa classe. Il passe le bac avec mention et décide de poursuivre en passant par une école d'ingénieur. Qu'il réussira haut la main. Aujourd'hui, le garçon qui a eu tant de mal à apprendre à lire et à écrire est chef de son exploitation. Il la dirige comme un véritable entrepreneur, sans cesse à l'affût des nouvelles techniques qui pourraient améliorer son fonctionnement et sa rentabilité, tout en respectant au mieux l'environnement. Il s'investit dans le milieu associatif et pousse son club sportif à aller toujours plus haut.*

Comme ce petit garçon, celui qui choisit bien son environnement est presque certain de bien réussir. Donald O.

Clifton et Paula Nelson, auteurs de *"Jouez à fond vos points forts"* sont de l'avis suivant : « *Les relations nous aident à définir la personne que nous sommes et ce que nous pouvons devenir. La plupart d'entre nous peuvent attribuer leurs réussites à des relations clés.* » Entourons-nous de personnes qui nous aiment, qui nous considèrent comme unique, qui nous donnent toujours envie de vivre et de progresser, qui connaissent notre vraie valeur et nos réels potentiels, qui nous donnent courage et confiance, qui donneront tout pour nous garder ; des personnes qui nous font plaisir à chaque regard et nous transmettent leur énergie, qui nous considèrent comme spécial, qui nous font briller et rayonner tel un diamant touché par un rayon de soleil ; des personnes qui nous aiment plus que tout au monde et nous font rêver au plus haut niveau. Lorsque nous sommes entourés de telles personnes, nous ne pouvons que devenir meilleur et réussir. Et soyons reconnaissant envers les gens qui ne cessent de contribuer à notre bonheur et bien-être, c'est une des clés pour avoir un environnement positif. La reconnaissance envoie des ondes positives autour de nous et celles-ci nous reviennent, parfois même au centuple.

J'ai compris aussi grâce à l'enseignement tacite de mes parents qu'il est nécessaire de changer l'environnement de ses pensées. Il y a parfois des pensées qui mènent vers le négatif, la peur, la crainte de l'échec… et tout ceci constitue des facteurs bloquants. Il faut essayer à chaque fois de développer un état d'esprit positif, en premier lieu, dans toute chose. Créer un environnement positif commence par soi-même. Il est plus facile d'être négatif que positif, raison pour laquelle il faut à la fois de la volonté et de la détermination pour commencer à avoir une attitude positive dans la vie. Je prends souvent le temps de me regarder et de me poser cette question : *« Te sens-tu positif Cherif ? »* *« Es-tu optimiste Cherif ? »* Si la réponse est oui, j'essaie de maintenir le cap ; si c'est non j'apporte des changements immédiatement.

Je suis tombé récemment sur une histoire d'auteur inconnu :

« Un jour de dernière année du secondaire, j'entrai dans une classe pour attendre un de mes amis.

Je venais de franchir la porte lorsque le titulaire de la classe, M. Washington, apparut soudainement et me demanda d'aller au tableau pour écrire quelque chose, pour faire un problème.

Je répondis que j'en étais incapable.

Il rétorqua : « Et pourquoi donc ? »

« Parce que je ne suis pas un de vos élèves », dis-je.

Il dit : « Cela n'a pas d'importance, allez quand même au tableau. »

Je répondis de nouveau : « Je ne peux pas. »

Il répéta : « Et pourquoi donc ?»

Embarrassé, je restai un moment silencieux. Puis j'avouai : « Parce que je suis un déficient mental léger. »

Il contourna son bureau, s'avança vers moi, me regarda et dit : « Ne redites jamais cela. Vous n'êtes pas obligé de croire ce que les autres pensent de vous. »

Un seul commentaire négatif à notre égard peut gâcher tout le restant de notre vie. Lorsque nous avons autour de nous des personnes qui nous rabaissent par leur parole, débarrassons-nous d'elles rapidement ou diminuons au maximum le temps que nous passons avec elles. Entourons-nous de personnes qui nous donnent une grande vision de nous. Comme l'a dit GOETHE : *« Traitez quelqu'un tel qu'il est et il ne fera qu'empirer. Traitez-le tel qu'il pourrait être et il deviendra tel qu'il devrait être. »*

Ce que notre entourage attend de nous conditionne le plus souvent ce que nous pensons de nous-même et par ricochet ce que nous devenons et réalisons dans notre vie. Si on nous regarde comme une personne formidable, le plus souvent nous allons la devenir. De même que lorsqu'on nous regarde comme un moins que rien, il y a de forte chance que nous le devenons. J M LAURENCE avait raison de dire : *« L'importance, ce n'est pas ce que l'on a dans la vie, **c'est*** *qui on a*. » C'est la raison pour laquelle il faut être conscient de l'attente de notre entourage que ça soit explicite ou implicite. Éliminons de notre vie les gens toxiques, les « *voleurs de rêves* », les « *vampires psychologiques* », qui nous drainent de notre énergie mentale et spirituelle, les gens qui nous tirent vers le bas au lieu de nous élever. Évitons les « *amarres* » comme les appelle WYLAND, artiste de paysage marin de réputation mondiale lorsqu'il dit : « *Il y a deux types d'individus : les "amarres" et les "hors-bords". Vous avez intérêt à larguer les amarres et à vous accrocher aux hors-bords, parce que ces derniers vont quelque part, et ils ont plus de plaisir dans la vie. Les amarres vous retiendront sur place.* »

Dale CARNEGIE, dans son livre inspirant « *Comment se faire des amis et influencer les autres* » donne quelques techniques, qui, lorsqu'elles sont bien appliquées, nous permettent de créer un environnement extraordinaire :

➢ **Ne critiquez pas et évitez de condamner** : Le reproche pousse l'autre à se mettre sur la défensive, à se justifier et à développer un sentiment de rancune. Apprenez à regarder le monde à travers les yeux des autres, de ce que vous êtes tentés de juger. Mettez-vous toujours à la place de l'autre.

➢ **Chaque personne a le désir d'être reconnue, appréciée, acceptée et considérée comme importante** : Le meilleur moyen d'y arriver est de complimenter toujours et sincèrement. Complimentez autant que possible et vous verrez que vous aurez l'environnement le plus agréable qu'il soit.

➢ **Montrez aux autres comment obtenir ce qu'ils veulent** : Le moyen le plus rapide de créer une relation durable c'est de montrer à l'autre ce qu'il veut et comment il peut l'obtenir.

➢ **Intéressez-vous sincèrement aux autres** : Ils feront de même à votre égard. Et vous serez le bienvenu partout où vous allez. Les autres ne commencent à vous écouter que s'ils savent que vous tenez à cœur leurs intérêts.

➢ **Soyez souriant** : Un visage souriant facilite le contact et donne confiance aux autres. On évolue plus rapidement dans un environnement gai que dans celui triste et morose.

➢ **Rappelez-vous que le nom d'une personne revêt une importance capitale pour elle** : Rappelez-vous toujours les noms des personnes que vous rencontrez et appelez-les aussi. Ce son de leur nom est inégalable pour eux.

➢ **Encouragez les autres à parler d'eux-mêmes et écoutez-les** : Pour être intéressant, soyez intéressé. Appliquez l'écoute active, posez à votre interlocuteur des questions ouvertes qui le pousse à parler de lui-même. On n'apprend rien à parler mais on apprend beaucoup lorsqu'on écoute. Chaque personne que vous rencontrez est une mine d'or d'informations.

➤ **Faites sentir aux autres leur importance de manière authentique** : Honorez et complimentez mais ne flattez jamais. Préférez toujours les éloges sincères.

➤ **Évitez la controverse** : évitez toujours les débats venimeux, belliqueux, cela ne débouche souvent à rien de bon. Et évitez surtout de blesser l'amour-propre de l'autre.

➤ **Respectez l'opinion d'autrui :** Tout le monde est libre d'avoir une opinion différente de la vôtre. Acceptez cela et discutez librement. C'est bien d'avoir autour de vous des personnes qui ont des idées différentes, des opinions différentes, car elles vous permettent de réguler vos décisions.

➤ **Admettez vos fautes tout de suite** : Le fait d'accepter ses fautes dès le début désamorce tout conflit.

➤ **Commencez toujours par faire des éloges sincères avant de corriger une faute chez autrui** : Faites comprendre à l'autre que c'est le comportement que vous blâmez chez lui et non sa propre personne. Vous pouvez aussi mentionner vos erreurs d'abord pour lui montrer que personne n'est infaillible.

« Les relations personnelles sont le terreau fertile d'où croissent tous les progrès, tous les succès et toutes les réalisations dans la vraie vie. » Ben STEIN

En résumé, étudions bien notre environnement, que ça soit physique ou mental, choisissons les personnes avec qui nous nous associons de même que les livres que nous lisons, les émissions télé que nous regardons ou les documentaires et films que nous visionnons, tout cela a un impact sur nous et définit la personne que nous devenons. Si nous sommes la personne la plus intelligente dans un groupe, essayons de trouver en même temps un autre groupe où nous pouvons continuer d'évoluer. D'ailleurs Mike MURDOCK dit : « *Soyez prêt à payer n'importe quoi pour vous trouver en présence de personnes extraordinaires.* » Il n'y a rien de plus important que d'être entouré de personnes inspirantes qui reconnaissent nos talents, de personnes qui nous aident à libérer notre plein potentiel.

CHAPITRE TROIS

SERVEZ-VOUS MUTUELLEMENT

« Il se faut s'entraider, c'est la loi de nature. »

Jean de La Fontaine

En 2001, ma mère venait d'avoir, après une dure épargne, un billet pour aller faire le pèlerinage à La Mecque. C'était un vrai rêve pour elle, le rêve de tout bon musulman. Mais au lieu d'aller réaliser son rêve, elle a préféré offrir le billet à mon père, elle s'est oubliée pour mon père, elle a continué à servir mon père. C'était un geste d'une grandeur exceptionnelle, d'un détachement sans égal. Mon père est parti à La Mecque, a fait son pèlerinage et je suis sûr qu'il avait beaucoup prié pour ma mère. Une prière faite avec le cœur a toutes les chances d'être acceptée.

Quelques années plus tard, en 2006, mon père vendit son champ pour payer le billet à ma mère. Elle partit alors faire son pèlerinage et réaliser ainsi son rêve. Elle a même pu repartir là-bas en 2016, voyage offert par nous ses enfants. *Tout ce que nous donnons nous reviendra certainement, et parfois doublement.*

Par ce geste, nous avons compris que c'est dans l'entraide que toute une famille réussira. Heureusement, c'est devenu une culture maintenant. Mes grands frères et grandes sœurs m'ont beaucoup aidé durant mes années de formation. Moi aussi, à mon tour, j'ai essayé d'aider mes petites sœurs. Georges GURDJIEFF ne disait-il pas : « *Si vous aidez les autres, vous serez aidé, vous aussi. Peut-être demain, peut-être dans dix ans, mais vous serez aidé ! L'univers paie toujours sa dette.* » Il est possible d'aider les autres de plusieurs manières. Même si on n'a pas d'argent, il est possible de faire don de soi-même par son temps ou son énergie aux œuvres humanitaires. D'ailleurs j'avais lu quelque part cette histoire :

Un homme parlait avec le Seigneur du paradis et de l'enfer. Le Seigneur dit à l'homme : « Viens, je te montrerai l'enfer. » Ils entrèrent dans une pièce où un groupe d'hommes partageaient une énorme marmite de ragoût. Chacun d'entre eux était affamé, désespéré et mourant de faim. Chacun tenait dans sa main une cuillère qui pouvait atteindre la marmite, mais chaque cuillère était munie d'une poignée beaucoup plus longue que leur propre bras, si longue qu'elle ne pouvait servir à porter le ragoût à leur bouche. La souffrance était terrible.

« Viens maintenant, je vais te montrer le paradis », dit le Seigneur après un moment. Ils entrèrent dans une autre pièce, identique à la première, la marmite de ragoût, le groupe de

personnes, les mêmes longues cuillères. Pourtant tous étaient heureux et bien nourris.

« Je ne comprends pas, dit l'homme. Pourquoi sont-ils heureux ici alors qu'ils étaient misérables dans l'autre pièce et que tout est semblable ?»

Le Seigneur sourit. « Ah, c'est simple, dit-Il. Ici, ils ont appris à se nourrir les uns les autres. »

Lorsque nous nous servons mutuellement nous sommes dans le bonheur, la joie et la sérénité. Mais lorsque nous ne pensons qu'à nous-même, nous sommes dans le malheur, la désolation bien que nous soyons entourés de tous les biens du monde. Ne soyons pas égoïstes comme l'homme de cette histoire suivante qui ne comprenait que le mot "prends", tellement il était égoïste :

« Des cris, au bord de la rivière. Nasreddin, sur son âne, accourt. Un homme dans l'eau se débat. Il boit, il éructe, il s'étouffe. Des gens accroupis sur la rive, lui tendent des perches, des bras.

Ils crient : ta main ! Donne ta main !

Mais l'autre ne veut rien entendre. Il s'enfonce, il s'agite en vain, il risque vraiment la noyade, et l'on s'égosille en vain.

Nasreddin descend de son âne, bouscule les gens et leur dit :

« Écartez-vous laissez-moi faire. »

Il retrousse sa manche droite, il tend la main, il crie :

« Prends-là ! »

Et l'autre, d'un élan s'agrippe. On le tire hors de l'eau. Sauvé !

On s'étonne. On se dit :

- Pourquoi, par tous les saints, n'a-t-il pas accepté notre aide, alors qu'un mot de toi, Nasreddin, a suffi pour qu'il veuille bien condescendre à sortir de son bouillon froid ?

- Facile, répond le sauveteur. Cet homme je le connais bien ! Il est d'une avarice sordide.

Tu lui dis : « Donne ! » il reste sourd.

Il ne sait entendre que « Prends ». »

Il y a des personnes qui ne savent que recevoir, donner ne fait pas partie de leur vocabulaire. Elles ne savent pas servir, elles veulent seulement être servies à chaque fois. Mais heureusement que nous sommes éduqués sur cette notion de service mutuel et de solidarité. Deux moments inoubliables sont restés gravés dans ma mémoire.

D'abord l'anniversaire surprise organisé en l'honneur de notre père en 2008. Nous ne connaissions pas la date exacte de sa naissance et avions alors décidé de lui choisir une date comme jour d'anniversaire. Aussi, nous étions tombés d'accord sur celui correspondant au Gamou[5], comme il est un digne descendant du Prophète Mouhamed (*Paix et Salut sur Lui*). Nous avions alors coordonné pour lui acheter des cadeaux, un gâteau et lui écrire un poème. Toute la famille qui était au Sénégal s'était réunie à la maison, donnant le Gamou comme alibi de notre présence. Et juste après la prière du coucher, nous lui dévoilâmes les cadeaux et le succulent repas que nous avions préparé pour l'évènement.

Et voici le poème :

Que nous soyons semblables ou différents cela importe peu

Car ce qui nous unit c'est ce que tu nous as appris

Et qui restera pour nous un héritage précieux toute notre vie

Tu nous as donné l'envie d'être comme toi

Battant, généreux, fier, digne, pieux et sage

Et c'est ce qui est important chez un musulman

Homme-modèle, Chérif, tu es notre idéal

De même que le soleil éclaire la terre entière

De même Papa, tu éclaires notre route

Nous sommes une famille si proche et si unie

Nous voulons, pour tout cela ce soir, te dire MERCI

---

[5] Le jour de naissance du Prophète Mouhammad (Paix et Salut sur Lui)

Qu'Allah fasse de ta vie le chemin du Paradis !

Et j'avoue que cette surprise avait bien réussi. Nous étions fiers d'avoir collaboré pour lui témoigner de notre estime. *Rien n'est plus grand, plus beau, plus noble que de faire plaisir à l'autre.*

Ensuite le départ à la retraite de Maman en Août 2013, allait aussi marquer à jamais. Nous voulions lui offrir une grande fête surprise à la maison. Équation : *comment organiser une grande fête à la maison en invitant certains membres de la grande famille sans que maman ne s'en rendît compte ?* Seulement, lorsqu'on décide de faire quelque chose de bien, c'est comme si l'on a le soutien de l'univers et l'on finit par trouver les moyens. Avec la complicité de notre père et de Tonton Babacar, son ami intime, nous avions trouvé la solution. Il fallait partir à Tivaouane pour rendre visite à un parent ; et maman avait accepté sans se douter de quoi que ce fût. Dès qu'ils furent sortis, nous nous attelâmes aux tâches, il fallait faire vite, les actions qui nous attendaient étaient nombreuses. Il fallait préparer un diner copieux, inviter les voisins du quartier, ranger les chaises, décorer la maison, brancher la sonorisation, aller chercher à 50 Km la sœur ainée de ma mère avec ses enfants dont la plupart avaient été élevé par ma mère. Tous les proches étaient informés. Mon père et son fidèle ami avaient joué le jeu en occupant ma mère autant que possible pour que nous puissions tout finir avant son arrivée. Et je puis vous assurer que nous avions bien réussi. Quelle n'avait pas été sa grande surprise, franchissant la porte de la maison, et de la voir remplie de personnes et de cadeaux en son honneur. Les larmes aux yeux, presque paralysée par cette forte dose d'adrénaline, elle n'en revenait pas.

Et pour conclure le tout, voici le poème en son honneur :

<u>YAYE BOOY[6]</u>

Autant de mots pour chanter tes louanges et pas assez d'espace pour les écrire

Mais un grand esprit pour le penser et un grand cœur ouvert pour le contenir.

Tu as toujours su nous réconforter avec de bons soins et d'attentions

Tu nous as toujours offert sans compter ton plus total dévouement

Tu nous donnes généreusement et tu mérites plus que tout, notre reconnaissance.

Et combien tu as dû sacrifier pour notre famille et la réussite des enfants

Mère héroïque, mère présente, mère dévouée, mère idéale....

---

[6] Tendre mère en langue Wolof

Une personne comme toi il n'y a que toi sur cette terre

Nous sommes vraiment privilégiés de t'avoir comme mère maman Sarakh

Ton nom nous rappelle toujours ce que tu représentes pour nous, un don du ciel

Un cadeau tellement précieux qu'on aimerait le garder avec nous pour toujours

Sur toi maman on ne peut tout dire quoique tout mériterait d'être dit

À tout jamais nous tes enfants. À tout jamais reconnaissants

De nous avoir fait vivre autant de belles années

Merci pour ta sagesse qui nous a tant inspiré

Que la vie de retraité qui commence aujourd'hui soit meilleure que ta vie active.

Avec tous nos vœux de bonheur et de joies infinies, nous te souhaitons très chère mère tout ce qu'il y a de meilleur au monde

Servons-nous les uns les autres, nourrissons-nous les uns les autres. En le faisant, nous grandirons ensemble, nous avancerons ensemble, nous gagnerons ensemble. Utilisons nos cuillères pour nourrir les autres et que les autres fassent de même pour nous. C'est ainsi que nous pourrons créer un monde ancré dans l'humanisme, la générosité, l'altruisme. En restant égoïstes, ce n'est pas seulement les autres qui souffrent, mais nous aussi, même si c'est intérieurement. Le mieux c'est de nous servir mutuellement et d'inscrire notre nom dans le cœur des gens comme le recommande Charles SPURGEON : « *Inscrivez votre nom sur les cœurs et non sur les marbres.* » « *Les gens vont oublier ce que tu dis, ils vont oublier tout ce que tu as pu faire, mais ils n'oublieront jamais ce que tu as pu leur faire sentir.* » Nous devons apprendre de ces enfants de l'histoire suivante :

Un anthropologue a proposé un jeu à des enfants d'une tribu africaine. Il a mis un panier plein de fruits près d'un arbre et a dit aux enfants que le premier arrivé remporte le panier.

Quand il leur a dit de courir, ils se sont tous pris par la main et ont couru ensemble, puis se sont assis ensemble profitant de leurs friandises.

Quand il leur a demandé pourquoi ils n'avaient pas fait la course, ils ont répondu : « UBUNTU, comment peut-on être heureux si tous les autres sont tristes ? »

« UBUNTU » dans la culture Xhosa signifie : « je suis parce que nous sommes. »

Quelle sagesse ! On réussit mieux lorsqu'on réussit ensemble. Cette histoire me rappelle une autre encore :

Il y a quelque temps, aux olympiades de Seattle, neuf (9) athlètes, tous handicapés mentaux ou physiques, étaient sur la ligne de départ pour la course de 100 m. Au signalement du starter, la course commença. Tous ne couraient pas mais tous avaient le désir de participer et de gagner. Ils couraient par trois (3), un garçon tomba sur la piste, fit quelques tonneaux et commença à pleurer. Les huit (8) autres l'entendirent pleurer. Ils ralentirent et regardèrent en arrière. Ils s'arrêtèrent et rebroussèrent chemin… tous… Une fille avec le syndrome de "Down" s'assit à côté de lui, commença à le caresser et lui demanda : "ça va mieux maintenant ?" Alors tous les neuf (9) se prirent par les épaules et marchèrent ensemble vers la ligne du finish. Le stade entier se leva et applaudit. Et les applaudissements durèrent longtemps…

Accepter les imperfections des autres fait partie du service mutuel. Je n'ai jamais vu mes parents se quereller ou se mettre en colère l'un contre l'autre. Chacun accepte l'imperfection de l'autre et les problèmes se règlent amicalement. La meilleure des relations n'est pas celle qui rassemble les gens parfaits, mais celle où chacun apprend à vivre avec les imperfections des autres et admirer leurs bonnes qualités. Voici une histoire intéressante à ce sujet :

C'était l'hiver le plus froid jamais vu. De nombreux animaux étaient morts en raison du froid. Les porcs-épics, se rendant compte de la situation, avaient décidé de se regrouper.

De cette façon ils se couvraient et se protégeaient eux-mêmes ; mais ils s'entreblessaient avec leurs piquants, même s'ils se donnaient beaucoup de chaleur les uns aux autres. Après un certain temps, ils ont décidé de prendre leur distance l'un de l'autre et ils ont commencé à mourir, seuls et congelés.

Alors, ils devaient faire un choix : accepter les piquants de leurs compagnons ou disparaître de la terre. Sagement, ils ont décidé de revenir en arrière pour vivre ensemble.

Ils ont donc appris à vivre avec les petites blessures causées par l'étroite relation avec leurs compagnons, mais la partie la plus importante, était la chaleur qui venait des autres. De cette façon, ils ont pu survivre.

Servons-nous mutuellement, inlassablement et nous survivrons à toute épreuve !

<u>**CHAPITRE QUATRE**</u>

INVESTISSEZ DANS LA RÉUSSITE DE VOS ENFANTS

« Une bonne éducation vaut mieux qu'un bon héritage. »

Proverbe Breton

Quand je pense à tous les sacrifices qu'ont dû faire mes parents pour nous offrir, mes frères, mes sœurs et moi une bonne éducation, je ne peux qu'en être fier et reconnaissant. Reconnaissant envers Dieu de m'avoir donné d'aussi bons parents et reconnaissant envers eux pour tous les efforts fournis. C'est une chance d'avoir de tels parents, leur rôle est à la fois important et fondamental. Ils ont toujours su que l'éducation de leurs enfants était une responsabilité pour eux. Et ils ont tout investi pour notre éducation.

Alors que je venais d'avoir mon bac, mon père m'acheta un ordinateur de marque ACER très cher. Ce fut un luxe en ce temps et pour cette raison cela ne manquait d'éveiller des envies chez mes camarades étudiants. Et aujourd'hui, je puis vous assurer que cette puissante machine m'avait beaucoup aidé durant mes deux premières années à l'université.

Après ma deuxième année, je perdis l'ordinateur à la suite d'un choc électrique qu'il avait reçu, cela m'avait beaucoup attristé. Quelque temps après, c'était au tour de ma mère de m'en acheter un autre, un TOSHIBA ultra performant avec l'argent obtenu de sa tontine.

Et en dehors de l'aspect financier et matériel, ils ont toujours été présents. En général, beaucoup de parents d'élèves, après s'être acquittés des frais d'inscription de leurs enfants, ne se préoccupent plus de leur suivi. C'est tout le contraire de mes parents, ils avaient toujours pris la peine de venir dans mon école pour rencontrer professeurs et surveillants, ainsi de même pour mes frères et sœurs. Ils s'intéressaient à mes notes, à mes résultats, aux difficultés rencontrées et m'orientaient, s'il le fallait, pour les surmonter. Jamais les moyens n'avaient fait défaut, et toujours la motivation était à son maximum.

L'attention, l'affection, la paix, la chaleur, l'harmonie, l'amour dans la famille sont les premiers éléments à accorder aux enfants et cela n'a jamais manqué à la maison. Comme disait l'autre : « *Les meilleurs apprentissages s'effectuent dans l'harmonie, mais aussi et surtout dans un équilibre affectif.* »

Les conditions pour une réussite certaine étaient réunies si bien qu'il m'était impossible d'envisager l'échec. Naturellement, apprendre et être un bon élève étaient un devoir car je leur devais bien ça, je leur devais de réussir, de faire des efforts et surtout de me réaliser. Aussi, en cas de manque de performance, ils étaient compréhensifs et m'encourageaient. Je n'ai jamais connu les reproches du genre : « *tu es nul* », « *tu ne vas pas réussir* », « *je perds mon argent avec toi* », qui, à mon avis, enlève à l'élève toute confiance en lui-même.

Il paraît que certaines espèces de poissons se développent selon l'espace dans lequel elles sont appelées à vivre. Mettez un de ces poissons dans un petit aquarium, et il restera petit même adulte. Relâchez-le dans un grand cours d'eau naturel, et il atteindra sa taille normale. Il en va de même pour les enfants. S'ils vivent dans un milieu dur et limitatif, ils resteront petits. Mais intégrez-les à un milieu qui encourage la croissance, et ils s'épanouiront selon leur plein potentiel. Comme disait MONTAIGNE : « *L'enfant n'est pas un vase qu'on remplit mais un feu qu'on allume.* » Mes parents ne m'ont pas remplis de croyances limitantes, de pensées négatives, de critiques blessantes mais, ont su allumer en moi le feu de l'amour du prochain, du service désintéressé, de l'esprit positif, du désir de réussir afin de servir de phare pour les autres.

C'est pourquoi je ne ménagerai aucun effort à mon tour pour mettre mes enfants dans de bonnes conditions et leur offrir tout le soutien nécessaire à leur réussite. Je veux me battre pour eux, préparer leur avenir, leur paver la route et leur laisser un héritage solide. Je veux être pour eux un phare, un flambeau splendide comme le disait George Bernard SHAW : « *Telle est la vraie joie dans la vie : servir un but que vous savez être grandiose, être une véritable force de la nature au lieu d'un petit tas fiévreux de malaises et de griefs insignifiants, qui se plaint que le monde ne se consacre pas à son bonheur… Je veux être complètement vidé de ma substance lorsque je mourrai. Je jouis de la vie parce que je suis vivant. Pour moi, la vie n'est pas une chandelle qui jette une brève lueur, c'est une sorte de flambeau splendide que j'ai pour le moment entre les mains, et je veux qu'il brule aussi haut et aussi fort que possible avant de le remettre aux générations futures.* »

Je vous laisse avec l'histoire inspirante de ce père qui n'a pas eu la chance d'aller à l'école, et qui pourtant, lutte tous les jours pour avoir assez d'argent pour donner à sa fille la chance d'être éduquée.

« *Je n'ai jamais dit à mes enfants quel travail je faisais. Je ne voulais pas qu'ils aient honte de moi. Quand ma plus jeune fille m'a demandé ce que je faisais, je disais avec hésitation que j'étais un ouvrier.*

Avant de retourner à la maison, chaque jour, je prenais un bain dans les toilettes publiques pour qu'ils ne soupçonnent pas la nature de mon travail. Je voulais envoyer mes filles à l'école, pour les éduquer. Je voulais qu'elles aient de la dignité. Je ne voulais pas que les gens les regardent de la même façon dont ils me regardent. Les gens m'humilient.

J'ai investi chaque centime de mes gains dans l'éducation de mes filles. Je n'ai jamais acheté de nouveaux vêtements. À la place, j'ai acheté des livres pour eux. Le respect, c'est tout ce que je voulais qu'elles aient pour moi. J'étais éboueur.

La veille du dernier jour d'inscription à l'université pour ma fille, je n'ai pas pu trouver l'argent pour payer. Je n'ai pas pu travailler ce jour-là. J'étais assis à côté des ordures essayant de cacher mes larmes.

Tous mes collègues me regardaient, mais personne n'est venu me parler. Je me disais que j'avais échoué et j'avais le cœur brisé. Je ne savais pas comment affronter ma fille qui allait me demander, quand j'allais rentrer à la maison, si j'avais pu payer les frais.

Je suis né pauvre. Je pensais que rien de bon ne pouvait arriver à une personne pauvre. Après le travail, tous les éboueurs sont venus vers moi, se sont assis et m'ont demandé si je les considérais comme des frères. Avant que je puisse répondre, ils m'ont chacun donné leurs revenus du jour.

Quand j'ai voulu refuser, ils m'ont dit : « Nous serons affamés aujourd'hui si besoin, mais ta fille doit aller à l'université. » Je ne pouvais pas leur répondre. Ce jour-là, je n'ai pas pris de bain, je suis rentré à la maison en tant qu'éboueur.

Ma fille va bientôt finir l'université. Trois d'entre elles ne me laissent plus aller au travail. Elle a un travail à temps partiel et trois d'entre elles donnent des cours. Mais souvent, elle m'emmène là où je travaillais pour donner à manger à mes collègues avec moi.

Ils rient et demandent pourquoi elle leur apporte souvent à manger. Ma fille leur a dit : « Vous avez tous été affamés ce jour-là pour que je puisse devenir ce que je suis aujourd'hui. Priez pour moi, pour que je puisse vous nourrir tous les jours. » Aujourd'hui, je ne me sens pas pauvre. Avec de telles filles, comment peut-on se sentir pauvre ? »

CHAPITRE CINQ

METTEZ-VOUS AU SERVICE DES AUTRES

« Il n'y a de religion plus élevée que celle du service à l'humanité. Travailler pour le bien de l'humanité est la plus grande profession de foi. »

Albert SCHWEITZER

Pendant plusieurs années, ma mère travaillait comme professeur d'économie familiale. Elle n'était pas un simple professeur, mais était en même temps une mère, une confidente, une amie, une conseillère pour ses élèves. En dehors des cours, elle aidait les élèves sur leurs problèmes personnels et familiaux de toutes sortes. Elle accueillait même à la maison, à maintes reprises, des élèves en difficulté de logement. Elle était en résumé un professeur qui se mettait au service de ses élèves, raison pour laquelle les élèves l'appréciaient et les cours se passaient dans une belle ambiance.

Par la suite, elle avait travaillé à l'inspection d'académie de Thiès où elle abattait un excellent travail pour les élèves et les enseignants aussi. Après quelques années passées à l'inspection, elle fut promue comme chef de service développement communautaire de Tivaouane, où elle avait plus d'opportunités pour se mettre au service de beaucoup plus de personnes. La commune de Tivaouane est à 20km de Thiès.

C'est durant ses sept années de service à Tivaouane qu'elle m'avait le plus épaté par sa rigueur dans le travail, parcourant ainsi, inlassablement, le trajet Thiès -Tivaouane - Thiès. Pas un jour de travail elle ne restait à la maison, et ce, même en cas d'empêchement du chauffeur, elle prenait tout simplement le volant. Elle avait le service dans le sang. Aller à Tivaouane, ne serait-ce que pour servir une personne était ce qui comptait, cela la faisait vivre. *On se sent forcément vivant lorsqu'on se sent utile aux autres.* Et on voyait la passion dans ses yeux lorsqu'elle nous racontait ses journées alors qu'elle devait organiser un évènement au service des autres. Plusieurs fois je l'accompagnais au bureau et remarquais comment elle s'acquittait de sa tâche lors de certains évènements ou des visites de terrains. C'est de là-bas que j'ai complètement intégré l'importance de se mettre au service des autres. Quoi de plus noble ? Hellen KELLER avait raison de dire : « *La vie est une aventure exaltante, qui l'est au maximum lorsqu'on la vit pour les autres.* » Ma mère avait trouvé sa raison de vivre, et les personnes avec qui elle avait travaillé avaient toujours ressenti son énergie débordante lorsqu'elle se mettait au service des autres. Jamais je n'avais vu une personne qui se mettait au service des autres autant que ma mère. Lorsqu'elle fut revenue à Thiès aussi comme chef de service, elle avait continué à servir avec plus d'entrain.

Quand il travaillait dans la zone sylvopastorale (Djoloff) de 1968 aux années 2000, mon père avait tissé un important réseau d'amitiés avec la population autochtone (Peulhs). À cette époque, la zone n'ayant pas de collège ni de lycée, beaucoup de ses amis lui confiaient leurs enfants qui devraient poursuivre leurs études à Thiès. Je ne saurai dire aujourd'hui combien ont été dans ce cas. Mais le moins que je puis vous affirmer est que nous étions une vingtaine à la maison et il était impossible de remarquer par les traitements, qui étaient ses enfants ou non.

Pour moi, cette période constitue l'une des plus belles leçons pratiques que j'ai reçue de mon père : se mettre ***au service des autres, et de manière désintéressée.*** Raison pour laquelle durant mes cinq années de formation à l'université, j'hébergeais dans ma chambre plusieurs amis qui avaient des problèmes de logement. Et avec des camarades de promotion, nous avions initié la réparation gratuite des équipements électriques des étudiants du campus (chargeur, ordinateur, chauffe-eau, réchaud électrique…). En mon sens, il n'y avait pas plus noble, plus excitant et plus nourrissant. Le service désintéressé tue l'ego et la vanité, qui sont les plus grands destructeurs de la société. Lorsque nous nous mettons au service des autres, nous nous élevons au-dessus de la mêlée et voyons même notre ennemi comme un cadeau du ciel. Bryant S HINCKLEY disait : « *Le service est la vertu qui caractérise les grands de tous les temps et pour laquelle ils resteront dans nos mémoires. Il imprime une marque de noblesse à ses adeptes. C'est le critère de démarcation qui sépare le monde en deux grands groupes : ceux qui aident et ceux qui entravent, ceux qui soulèvent et ceux qui s'adossent, ceux qui se rendent utiles et ceux qui ne font que consommer. Combien il est meilleur de donner que de recevoir. Le service, sous quelque forme que ce soit, est digne et beau. Encourager, montrer de la sympathie et de l'intérêt, dissiper la peur, éveiller dans les cœurs des autres l'espoir et la confiance en soi, bref les aimer et le leur témoigner, est le service le plus précieux que l'on puisse rendre.* »

La petitesse du service n'enlève en rien sa noblesse et sa grandeur. J'ai toujours trouvé fantastique l'histoire du garçon qui rejetait dans l'océan les étoiles de mer ramassées sur la plage :

Un homme marchait sur une plage déserte au coucher du soleil. Peu à peu, il commença à distinguer la silhouette d'un jeune garçon dans le lointain.

Quand il fut plus près, il remarqua que le garçon, un indigène du pays, ne cessait de se pencher pour ramasser quelque chose qu'il jetait aussitôt à l'eau.

Maintes et maintes fois, inlassablement, il lançait des choses à tour de bras dans l'océan.

En s'approchant encore davantage, l'homme remarqua que le jeune garçon ramassait les étoiles de mer que la marée avait rejetées sur la plage et, une par une, les relançait dans l'eau.

L'homme était intrigué. Il aborda le garçon et lui dit : « Bonsoir, mon ami. Je me demandais ce que vous étiez en train de faire. »

« Je rejette les étoiles de mer dans l'océan. C'est la marée basse, voyez-vous, et toutes ces étoiles de mer ont échoué sur la plage. Si je ne les rejette pas à la mer, elles vont mourir du manque d'oxygène. »

« Je comprends, répliqua l'homme, mais il doit y avoir des milliers d'étoiles de mer sur cette plage. Vous ne pourrez pas toutes les sauver. Il y en a tout simplement trop. Et vous ne vous rendez pas compte que le même phénomène se produit probablement à l'instant même sur des centaines de plages tout le long de la côte ? Vous ne voyez pas que vous ne pouvez rien y changer ? »

*L'indigène sourit, se pencha et ramassa une autre étoile de mer. En la rejetant à la mer, il répondit : « **Ça change tout pour celle-là** ! »*

Aucun geste pour aider quelqu'un n'est inutile. Même s'il est impossible de servir tout le monde, nous pouvons au moins changer une partie du tout. Alors nous pourrons vivre dans un monde meilleur, un monde d'assistance mutuelle, dépourvu de haine et de violence. J'essaie aujourd'hui de suivre cette recommandation de Maya ANGELOU : *« Essayez d'être un arc-en-ciel dans le nuage de quelqu'un. »*

Il y a quelques années, alors que je conduisais ma voiture à Dakar, à la sortie d'un embouteillage, la voiture qui était derrière heurta la mienne. Je me garai alors un peu plus loin pour libérer le passage, le conducteur se rangea juste après moi. Je sortis de la voiture pour constater les dégâts, mais heureusement il n'y avait rien de grave, juste de petites égratignures pas méchantes. Je m'étais alors demandé : *Comment souhaiterais-je être traité si j'étais à la place du gars ? « J'aurais souhaité recevoir de la compréhension »*, répondis-je intérieurement. Je me dirigeais alors vers le gars qui était en train de descendre de sa voiture. Je le saluais, et avec une tape sur l'épaule, lui dit : « Ne t'inquiète pas mon grand, il n'y a pas de soucis, il n'y a rien de grave, ça arrive à tout le monde de heurter une autre voiture, reprends ta voiture et termine ta soirée en beauté. » Je remarquai un ouf de soulagement se dessiner sur son visage. Il me remercia avec énergie et reprit sa route.

Nous avons l'habitude de dire qu'il faut traiter les personnes comme nous aimerions être traités nous-mêmes. Mais je pense qu'il y a encore mieux : *c'est de traiter les personnes comme elles aimeraient être traitées*. Essayons de toujours penser à l'autre, c'est le secret des relations réussies. Soyons chaque jour la personne la plus aimable que nous connaissons, et si possible, traitons chaque personne que nous rencontrons comme elle aimerait être traitée.

Aidons les gens dans leurs besoins, apaisons les difficultés des autres selon nos possibilités. Soyons doux autant que possible, aidons les nécessiteux. Arrosons nos relations par la gentillesse et les cadeaux. Dissimulons les défauts des autres par leur qualité et ne tenons pas compte de leurs erreurs. Découvrons le bonheur en aidant les autres, en leur apportant de la valeur.

J'ai récemment lu un texte qui m'a beaucoup fait réfléchir, je ne connais pas l'auteur mais il comprenait ceci :

> - Notre NAISSANCE est arrivée par les *autres* ;
> - Notre NOM a été donné par les *autres* ;
> - Nous avons été éduqués par les *autres* ;
> - Notre revenu provient indirectement des *autres* ;
> - Notre RESPECT est donné par les *autres* ;

> Notre premier BAIN a été donné par les *autres* ;

> Notre dernier BAIN sera fait par les *autres* ;

> Notre PRIÈRE MORTUAIRE sera faite par les *autres* ;

> Nous serons amenés à notre DERNIÈRE DEMEURE par les *autres* ;

> Tout ce que nous possédons sera HERITÉ par les *autres*.

À la lecture de cela ne devons-nous pas vivre pour les autres ? Tout au long de notre vie, nous aurons toujours besoin des autres. Pourquoi ne pas nous mettre au service des autres alors ? Nous avons beaucoup de causes qui attendent d'être servies, beaucoup de batailles à remporter pour l'humanité, serions-nous prêts à nous engager ? Réfléchissons et agissons !

Le Mahatma Gandhi a dit un jour : « *Le meilleur moyen de se trouver est de se perdre au service des autres.* » Perdons-nous au service des autres !

CHAPITRE SIX

OSEZ PRENDRE DES RISQUES

« Vous devez prendre des risques. Nous allons comprendre le miracle de la vie pleinement lorsque nous laissons l'imprévu se produire. »

Paulo COELHO

En 1990 mon père prit son départ volontaire en quittant la fonction publique pour se lancer dans ce qu'il aimait : l'élevage et l'agriculture. Il quitta un travail qui lui garantissait une sécurité financière pour se lancer dans un monde inconnu. Et grâce à Dieu, cette décision, par la suite, lui permit de réaliser tous ses rêves. Robert F KENNEDY n'avait-il pas dit : *« Seuls ceux qui osent échouer lamentablement réussissent avec éclat »* ?

Nous le voyons donc, si nous voulons nous épanouir et vivre nos rêves, nous devons prendre des risques et accepter de nous lancer dans l'inconnu. Ceux qui ont peur de se tromper où de faire des erreurs risquent de vivre petitement et de laisser filer beaucoup d'opportunités. C'est par essai – erreur – correction que la société est arrivée là où elle est aujourd'hui. Robert FRITZ avait raison de dire que : *« Si vous limitez vos choix à ce qui est possible et raisonnable, vous vous détachez de ce que vous voulez véritablement, et votre vie n'est plus alors qu'une suite de compromis. »*

Quand je reçus mon permis de conduire, mon père me tendit la clé de la voiture en précisant : « *Tu peux cogner où tu veux, fais juste attention à toi, on apprend en faisant des erreurs.* » Et j'avoue que j'ai laissé beaucoup de marques à cette pauvre voiture. Mais j'ai compris que quelques parts les erreurs font avancer. Et qui reconnait ses erreurs sait comment se relever après chaque chute. Aussi les paroles de Rocky Balboa à son fils dans le film Rocky m'ont bien marqué : « *Je vais te dire un truc que tu sais déjà. Le soleil, les arcs-en-ciel, ce n'est pas le monde ! Y a de vraies tempêtes, de lourdes épreuves. Aussi grand et fort que tu sois, la vie te mettra à genoux et te laissera comme ça en permanence si tu la laisses faire. Toi, moi, n'importe qui, personne ne frappe aussi fort que la vie, ce qui compte ce n'est pas d'être un bon cogneur, l'important c'est de se faire cogner et d'aller quand même de l'avant, c'est de pouvoir encaisser sans jamais flancher. C'est comme ça qu'on gagne ! »*

Quelque temps après, mon père me demanda de le conduire au champ alors que j'étais un grand débutant. Cela me procura un grand bonheur. GOETHE ne disait-il pas : « *Traitez quelqu'un tel qu'il est et il ne fera qu'empirer. Traitez-*

le tel qu'il pourrait être et il deviendra tel qu'il devrait être. » Grâce à cette marque de confiance, je m'étais très vite amélioré. Les essais-erreurs nous aident à développer notre confiance en nous-même et notre vie n'est que la somme de nos expériences. Il faut agir simplement. Nelson MANDELA disait : *« Je ne perds jamais. Soit, je gagne, soit j'apprends. »*

Agir, c'est aussi oser. Lorsque j'avais fini d'écrire mon premier livre, certaines personnes avec qui j'avais partagé mon projet d'écriture m'avertissait sur la difficulté de trouver un éditeur. Néanmoins j'étais resté optimiste et persuadé que j'allais en trouver un. Aussi, ma volonté prit vite le dessus car ma requête fut acceptée par la première maison d'édition sollicitée.

Beaucoup de personnes vivent dans leur tête, en s'imaginant toujours le pire, ce qui les empêche d'oser. Le risque nous fait avancer et nous fait grandir. Wladimir Wolf GOZIN disait : *« Vivre prudemment, sans prendre de risques, c'est risquer de ne pas vivre. »* Chaque prise de risque est une opportunité pour avancer dans la vie et faire de belles choses comme le montre l'histoire suivante :

C'est l'histoire d'un homme âgé qui vivait dans une petite maison et possédait une voiture d'occasion. Il vivait de l'aide sociale. À 65 ans, il décida que les choses devaient changer. Il réfléchit à ce qu'il avait à offrir au monde. Ses amis avaient toujours adoré sa recette de poulet rôti. Il décida de faire de ce talent sa marque de fabrique.

Il quitta son Kentucky natal et traversa plusieurs États dans le but de tenter de vendre sa recette de poulet rôti. Il disait aux propriétaires de restaurant qu'il avait une recette de poulet extraordinaire, la plus appétissante qui soit. Il leur offrait également sa recette gratuitement, demandant uniquement un petit pourcentage sur les articles vendus. Une bonne affaire, vous ne croyez pas ?

Malheureusement, pas tellement. Il fût refoulé plus de 1000 fois. Toutefois, en dépit de tous ces rejets, il n'abandonna pas. Il croyait dur comme fer à sa recette de poulet, il la savait unique en son genre. Il fût refoulé 1009 fois avant de signer son premier contrat avec un restaurateur américain.

Avec ce succès, le colonel Hartland SANDERS changea radicalement les mœurs alimentaires américaines. Le Kentucky Fried Chicken, populairement connu comme KFC, était né.

Le risque permet d'être meilleur et éloigne de la routine qui tue l'imagination et la créativité. Pour Herbert OTTO : *« C'est quand une personne ose prendre des risques et s'impliquer personnellement qu'elle peut grandir et évoluer. »* Cependant, il ne s'agit pas de prendre des risques n'importe comment, il faut prendre le temps de se préparer, de définir une stratégie, un plan d'action clair et réfléchir sur les conséquences probables de chaque acte avant d'agir.

Prenons des risques, osons sortir de notre zone de confort pour vivre réellement et pleinement. Persévérons et n'abandonnons jamais. Qu'attendons-nous pour sauter le pas ?

CHAPITRE SEPT

CONNAISSEZ VOS ORIGINES

« Oublier ses ancêtres, c'est être un ruisseau sans source, un arbre sans racines. »

Proverbe Chinois

Chaque année mes parents nous emmenaient à Baghere[7], notre village d'origine pour assister à la cérémonie religieuse organisée là-bas annuellement. C'était toujours un évènement exceptionnel, une opportunité de voir toute la grande famille de mon aïeul : tontons, tantes, cousins, neveux, oncles. Mon aïeul, Cherif Younouss AIDARA (*Qu'Allah l'agrée*), fut le fondateur de Baghere et j'étais surtout intéressé par les récits sur l'histoire de notre famille. Souvent, chaque membre détient un maillon de l'histoire de la famille. Et aujourd'hui, à force d'écouter toutes ces personnes, j'éprouve un réel plaisir de reconstituer toute la chaîne.

Certaines personnes pensent que ce n'est pas très important de connaître ses origines, de connaître ses aïeux parce que cela n'apporte rien. Eh bien ! Ils se trompent gravement. Le

---

[7] Situé dans le Sud du Sénégal dans la région de Sedhiou à environ 400 km de Dakar

passé est le fondement sur lequel notre présent est construit. *Celui qui doit construire un gratte-ciel doit savoir au moins sur quoi il va reposer.* L'histoire de notre famille, de nos ancêtres et des générations passées, a façonné ce que nous sommes aujourd'hui en tant que civilisation et en tant qu'individus. Chaque famille renferme des valeurs intrinsèques, qui sont le plus souvent tacites, mais que tout le monde connaît consciemment ou inconsciemment. Chaque fois que nous transgressons ces valeurs, nous le ressentons, et nous subissons les conséquences émotionnelles. En nous appropriant ces valeurs, nous pourrons éviter des actes qui nous dévalorisent.

Il y a un proverbe qui dit : « *La fleur qui veut pousser doit honorer ses racines.* » Et pour honorer ses racines, il faut les connaître. Et heureusement mes parents avaient compris cela très tôt, raison pour laquelle ils me montraient, au-delà des discours, l'importance de connaître ses origines. En connaissant le rôle tenu par les ancêtres, nous essaierons de faire mieux qu'eux et ce sentiment nous pousse toujours à aller de l'avant. En prenant en compte l'héritage laissé par les ancêtres, nous nous armons pour maintenir le flambeau aussi haut que possible pour pouvoir le transmettre à la génération future avec beaucoup plus de flamme, de lumière et d'intensité. Nous ne devons pas dilapider l'héritage laissé par les ancêtres, cet héritage nous sert de phare pour nous montrer le chemin. Nous ne devons jamais accepter d'être le maillon faible de l'héritage qui risquerait de briser la chaîne, nous devons être solide, *Notre histoire sert soit d'exemple à suivre ou d'exemple à éviter, à nous de choisir.* Fructifions les valeurs transmises et tentons de laisser un monde meilleur. En prenant en compte notre histoire, nous pourrons éviter les erreurs du passé pour aller plus vite. Inutile de recréer la roue, il faut juste l'améliorer et l'utiliser à bon escient. James BALDWIN a exprimé une merveilleuse phrase : « *Sachez d'où vous venez. Si vous savez d'où vous venez, il n'y a absolument aucune limite à l'endroit où vous pouvez atteindre.* »

Connaître nos origines nous sert alors de base solide pour construire notre avenir. Il est difficile d'aller où l'on veut si l'on ne sait pas d'où l'on vient. « *Un peuple qui ne connaît pas son passé, ses origines et sa culture ressemble à un arbre sans racines* », a dit Marcus GARVEY. Connaître ses origines permet aussi de se connaître et d'éveiller sa conscience. Voici une histoire remplie d'enseignement :

« Une vieille légende indienne raconte qu'un brave trouva un jour un œuf d'aigle et le déposa dans le nid d'une « poule de basse-cour ». L'aiglon vit le jour au milieu d'une portée de poussins de basse-cour et grandit comme eux.

Toute sa vie l'aigle fit ce qu'une poule de basse-cour fait normalement. Il chercha dans la terre des insectes et de la nourriture. Il caqueta de la même façon qu'une poule de basse-cour. Et lorsqu'il volait, c'était dans un nuage de plumes et sur quelques mètres à peine.

Après tout, c'est ainsi que les poules de basse-cour sont censées voler.

Les années passèrent et l'aigle devint très vieux. Un jour, il vit un oiseau magnifique planer dans un ciel sans nuages. S'élevant avec grâce, il profitait des courants ascendants, faisant à peine bouger ses magnifiques ailes dorées.

« Quel oiseau splendide ! » dit notre aigle à ses voisins. « Qu'est-ce que c'est ? »

« C'est un aigle, le roi des oiseaux, » caqueta sa voisine. « Mais oublie ça. Tu ne seras jamais un aigle. »

Ainsi l'aigle n'y pensa jamais plus. Il mourut en pensant qu'il était une poule de basse-cour. »

Il est très important de connaître son histoire et de se connaître. Tout comme ce malheureux aigle royal qui ne connaissait pas sa vraie nature a laissé sa vie lui filer entre les ailes, une personne qui ne se connaît pas bien risque de passer à côté de sa vie. *« Connaître les autres est la sagesse. Se connaître soi-même est l'éveil. » - **Lao Tzu***

Prenons le temps de nous poser ces questions et d'y répondre sincèrement : *Qui sommes-nous ? Où en sommes-nous ? Que voulons-nous faire, être, avoir ou devenir dans la vie ? Qu'est-ce qui nous tient vraiment à cœur ? Quelle est notre mission sur terre ? Qu'est-ce qui nous rend unique ? Qu'est-ce qui nous fait vibrer ? Qu'est-ce que nous voulons apporter aux autres ? Qu'est-ce que nous voulons laisser comme héritage ?* On entend depuis toujours cette merveilleuse phrase de SOCRATE : « *Connais-toi toi-même !* » Mais est-ce que nous prenons vraiment le temps d'y réfléchir et de l'appliquer ? Blaise PASCAL disait : « *Il faut se connaître soi-même ; quand cela ne servira pas à trouver le vrai, cela au moins sert à régler sa vie et il n'y a rien de plus juste.* »

Pour ma part, je dirai que l'éducation que j'ai reçue m'a permis d'accorder une place privilégiée aux liens de sang, gage de survie de la famille. Il a été dit que celui qui resserre ses liens avec sa famille fructifie sa fortune et laisse sa trace dans ce monde. *Les liens de famille préservés engendrent l'amour et annihilent les forces de l'ennemi, appelle la bénédiction et éloigne les malheurs.* Dans un monde qui souffre d'une crise de déconnexion, j'ai appris que le fait de préserver les liens de la famille est une qualité des plus nobles.

Recherchons notre histoire, connaissons nos origines, découvrons qui nous sommes, pratiquons les valeurs de nos familles et essayons de les transmettre autant que possible à nos enfants. *C'est seulement en se tenant sur les épaules du passé qu'on peut vraiment regarder l'avenir.*

CHAPITRE HUIT

SOYEZ D'ÉTERNELS ÉTUDIANTS

> *« Apprendre, c'est s'accroître ;*
> *apprendre, c'est agrandir sa vie. »*

Antoine ALBALAT

J'ai grandi dans un environnement rempli de livres de toute sorte allant des livres de cuisine à ceux de religion, d'économie familiale, de développement personnel, tout ce dont une personne avait besoin pour réussir sa vie et aller de l'avant. Je me demandais à chaque fois quand est-ce-que j'aurai le temps nécessaire pour lire tous les livres qui se trouvaient à la maison. Et chaque mois, je voyais mon père en acheter de nouveaux et passer beaucoup de son temps sur le canapé avec son crayon en train de lire, et parfois même jusque tard dans la nuit. Je voyais aussi ma mère, à son retour du travail, fatiguée, aller prendre ses cours d'arabe et de Coran. Il y avait aussi un enseignant qui venait régulièrement à la maison pour donner des cours à mes parents, et il vient jusqu'à présent. À l'âge où beaucoup de personnes auraient arrêté d'apprendre, je les ai vus redoubler d'efforts et augmenter ainsi leurs connaissances.

C'est pourquoi je devais moi aussi être un éternel étudiant, quelqu'un qui devait faire d'énormes sacrifices pour apprendre et accroître ses connaissances.

Aujourd'hui, je suis devenu un véritable amoureux du savoir, j'investis au minimum 3% de tous mes revenus à ma formation. J'investis sur moi en connaissance par des formations, des séminaires ou des livres. La plupart des personnes veulent aller de l'avant, passer à l'étape supérieure mais ils ne savent pas que pour cela, il faut qu'ils investissent sur elles. Lorsque nous avons autour de nous des personnes qui accordent tant d'efforts à la connaissance, malgré leur âge avancé, nous qui sommes jeunes, devons faire autant, sinon plus. Harvey ULLMAN a dit : « *Celui qui cesse d'apprendre est vieux, qu'il ait 20 ou 80 ans. Celui qui continue d'apprendre non seulement reste toujours jeune, mais ne cesse de prendre de la valeur, et ce quelles que soient ses capacités physiques.* » Et avec mes parents, j'ai compris que personne n'est trop âgé pour apprendre. On doit continuer d'étudier aussi longtemps qu'on vit, ne serait-ce que pour rendre sa vie meilleure. Un proverbe Allemand dit ceci : « *Pendant toute ta vie, vis et apprends : vis pour apprendre ; apprends pour vivre.* »

Les livres sont des mines d'or à notre disposition. La plupart des questions que nous nous posons ont déjà été répondues dans les livres. Que ce soit pour améliorer ses compétences dans un domaine, être un meilleur parent, un meilleur mari, un meilleur fils, un meilleur employeur, un meilleur employé, il suffit juste de chercher et de bien chercher. Un seul livre inspirant peut changer toute notre vie. La mienne a changé le jour où j'ai lu le livre de Cherie Carter SCOTT : *"10 règles pour réussir sa vie"* que mon père m'avait donné.

Soyons d'éternels étudiants, il y a toujours quelque chose de nouveau à apprendre, même dans les matières où nous sommes experts. *« Le plus grand obstacle à la croissance n'est pas l'ignorance. C'est l'illusion de la connaissance. »* La plupart des personnes, dès la fin de leurs études arrêtent de lire. Il paraît que seulement un adulte sur trois lit un livre après avoir reçu son dernier diplôme. Et la plupart des personnes aussi sont tellement occupées par le travail qu'ils oublient de se mettre à jour, et finissent par être dépassées par les nouvelles découvertes dans leur domaine. Sachons simplement que lorsque nous arrêtons d'apprendre nous cessons de grandir : *« Celui qui cesse de s'améliorer, cesse d'être bon »*, a dit Olivier CROMWELL. Et John WOODEN de dire avec raison : *« Lorsque j'aurai fini d'apprendre, je serai un homme fini. »* Tous les grands leaders de ce monde lisent au moins 30 minutes chaque jour. Faisons-en une habitude nous aussi, 30 minutes de lecture par jour, le matin au réveil et le soir avant de nous coucher. Et essayons de terminer un livre par semaine si possible. Ou bien lisons au moins dix pages par jour. Cela nous fait en un an 3650 pages. C'est l'équivalent de 18 livres de 200 pages. Si un seul livre inspirant peut changer la vie de quelqu'un, comment en serait-il pour 18 livres ? Respectons ce rituel de 10 pages par jour et après un mois de pratique, nous pourrons commencer à apprécier les résultats.

La plupart des personnes préfèrent de petites vidéos, des résumés de livres mais il y a quelque chose de magique à tenir un livre de 200 pages et le lire de bout en bout. Cela forge notre rigueur, notre endurance, notre concentration, notre détermination à toujours aller jusqu'au bout.

La lecture nous permet de nous former, d'apprendre, de comprendre les choses, de nourrir notre cerveau, de nous enrichir intellectuellement, d'avoir une ouverture d'esprit. Lire un livre c'est également être en contact avec de grands hommes qui ne sont plus de ce monde et ont marqué l'humanité. Investissons du temps dans la lecture et ne sous-estimons jamais la portée d'un livre. Ils sont des sources d'inspiration dans nos choix de vie lorsque nous lisons les grands auteurs dont les ouvrages ont bien façonné le monde. Le livre demeure un outil indispensable de la quête de la connaissance sans laquelle notre esprit stagne et se fane.

Être éternel étudiant nous permet aussi de prendre de l'avance sur les autres. Osons investir sur nous, c'est le plus fructueux des investissements. L'argent qui se trouve dans notre porte-monnaie ou dans notre coffre-fort peut nous être volé, mais pas ce qui se trouve dans notre tête. Raison pour laquelle Benjamin FRANKLIN conseillait : « *Prenez l'argent qui est dans votre portefeuille et investissez-le dans votre esprit. Et en retour, votre esprit remplira infiniment votre portefeuille.* » Gardons toujours un esprit ouvert, et soyons toujours humble. *Seule la personne humble s'améliore.* Chaque personne que nous rencontrons peut nous enseigner quelque chose et le peu de savoir que nous connaissons peut-être très utile pour l'autre.

Les gens instruits, ceux qui possèdent beaucoup de connaissances ont un avantage considérable sur ceux qui en ont moins. La connaissance est le plus grand guide. Il y a des personnes qui passent 6 heures de temps par jour devant la télé. Ce qui fait 15 ans lorsqu'ils atteignent l'âge de 60 ans. Et la plupart d'entre eux disent manquer du temps. Alors qu'en réduisant seulement une heure de temps par jour passée devant la télévision, les voilà avec 365 heures de gagner par an pour se consacrer à la lecture, à l'apprentissage, au développement de leur potentiel, au développement personnel. Imaginons ce qu'on peut apprendre avec 365 heures.

Être un éternel étudiant nous évite de faire du surplace. C'est chercher des occasions d'apprendre dans toute situation qui se présente à nous. Appliquons ce conseil de l'Allemand GOETHE : « *Ne laissez jamais passer une journée sans admirer une œuvre d'art parfaite, sans écouter un grand morceau de musique et sans lire quelques pages d'un bon livre.* » Ne laissons jamais une journée passée sans apprendre quelque chose d'intéressant. Prenons toujours le temps nécessaire pour apprendre ce que nous devons apprendre. L'apprentissage peut nous éviter de commettre beaucoup d'erreurs. Réaliser une action sur la base d'informations solides a plus de chances de réussir qu'une activité réalisée à l'aveuglette.

Se former, apprendre c'est aussi savoir appliquer. J'ai vu ma mère, reciter une prière qu'elle venait tout juste d'apprendre lors de chacun de ses discours. Elle mettait en application ce qu'elle apprenait. Une fois, alors que j'étais en voyage avec mon père, nous passions la nuit dans une même case. Pendant trois jours mon père avait remarqué que je ne récitais pas le *Khounout*[8] lors de la prière du matin. Un bon matin, lors du petit déjeuner, il me demanda : « *Cherif, est-ce que tu maîtrises le Khounout ?* » Je lui répondis par l'affirmatif. Il dit alors : « *Pourquoi tu ne le récites pas ?* » J'ai compris alors qu'il voulait m'inciter à mettre en application ce que je savais, et depuis lors je n'oublie jamais de réciter cette prière. Et je m'étais juré de mettre en pratique

---

[8] Le Khounout est une prière à reciter dans la 2ème unité de la prière du matin

tout ce que j'apprendrais. Et en vérité *que vaut la connaissance sans mise en pratique ? Que vaut la théorie sans la pratique ? « Ne permettez pas à votre apprentissage de conduire uniquement à la connaissance. Servez-vous de ce que vous apprenez pour passer à l'action. »* Jim ROHN

CHAPITRE NEUF

RÉAMENAGEZ TOUJOURS

« Votre vie ne s'améliore pas par hasard,

elle s'améliore avec le changement. »

Jim ROHN

Ma mère est notre architecte maison, elle a des dons dans l'aménagement et le rangement. Chaque fois que je m'absentais de la maison pour une longue durée, je la retrouvais toujours réaménagée. Ma mère disait : « *Il faut changer de temps en temps l'emplacement de vos meubles, même si vous ne les remplacez pas, cela donne une nouvelle vision.* » La maison est en perpétuel devenir, chaque jour il y a des réaménagements, de nouvelles installations. Et en grandissant, j'ai vu mes parents initier différents projets en prenant le soin chaque fois d'innover, d'améliorer. Je les ai vus aussi faire d'innombrables voyages et se lancer dans différentes activités. Ils n'ont jamais laissé la routine s'installer.

Cela m'a permis de ne pas avoir peur de changer et même de forcer le changement quelquefois au lieu de l'attendre. Il faut l'apprivoiser et l'adapter à soi. HERACLITE a dit : « *Une seule chose est constante, permanente, c'est le changement.* » Tout ce qui est sur terre change, que ça soit naturellement ou par force. Comme disait Paulo COELHO : « *Vivre c'est changer - voilà la leçon que les saisons nous enseignent.* » Mes parents avaient entièrement compris cela et ils m'ont transmis cela de la plus belle manière. Et avec ce monde qui change rapidement, avoir la souplesse et la maturité de changer est un atout favorable.

Changeons pour faire changer les choses à notre manière. Souvent, il vaut mieux initier le changement que d'attendre qu'un évènement malheureux vienne nous y obliger. Par exemple, il est préférable de diminuer la quantité de matière grasse consommée, de gérer son régime alimentaire que d'attendre qu'un problème d'AVC nous l'oblige à le faire. « *Pendant des années, j'ai attendu que ma vie change, mais maintenant je sais que c'était elle qui attendait que moi je change.* » Fabio VOLO

Quand une situation se présente, deux options s'offrent à nous : soit l'accepter soit le changer, pour confirmer ce que disait Eckhard TOLLE : « *Quand tu te plains, tu fais de toi une victime. Abandonne la situation, change la situation ou accepte-la.* »

Imaginez qu'on plonge une grenouille directement dans une marmite d'eau à 50°, elle va immédiatement sauter pour sortir. Imaginez maintenant une marmite remplie d'eau froide dans laquelle nage tranquillement une grenouille… Et puis, le

feu est allumé sous la marmite, l'eau chauffe doucement. Elle est bientôt tiède. La grenouille trouve cela plutôt agréable et continue à nager. La température continue à grimper. L'eau est maintenant chaude, et c'est un peu plus que n'apprécie la grenouille. Elle se fatigue un peu, mais elle ne s'affole pas pour autant. L'eau est cette fois vraiment chaude, et la grenouille commence à trouver cela désagréable. Mais elle s'est affaiblie, alors elle supporte et ne fait rien. La température continue à monter, et la grenouille finit tout simplement par cuire. La grenouille est morte.

Cette expérience montre que lorsqu'un changement s'effectue d'une manière suffisamment lente, il échappe à la conscience et ne suscite la plupart du temps aucune réaction, aucune opposition, aucune révolte. Il est préférable d'agir avant qu'il ne soit trop tard comme le disait Winston CHURCHILL : « *Mieux vaut prendre le changement par la main avant qu'il ne nous prenne par la gorge.* »

Ne laissons jamais la routine s'installer autour de nous, soyons d'éternels insatisfaits, des personnes qui cherchent toujours quelque chose à améliorer, à corriger, à parfaire, des personnes qui renouvellent toujours leurs pensées. « *Pour avoir de nouvelles idées, il faut détruire les anciennes, abandonner les vieilles opinions, observer et concevoir de nouvelles pensées. Apprendre, c'est changer vos opinions ou pensées.* » **B. J. PALMER**

Mes parents se sont toujours beaucoup plus concentrés à se changer eux-mêmes plutôt que de vouloir forcer les autres à changer. Ils ont toujours incarné le changement qu'ils voulaient voir dans ce monde comme le recommandait GANDHI. Et c'est ainsi que j'en suis arrivé à changer par moi-même. De même Leon TOLSTOÏ disait : « *Chacun rêve de changer l'humanité, mais personne ne pense à se changer lui-même.* » Si chaque personne essayait de se changer elle-même, de s'améliorer avant de vouloir changer le monde, nous serions sûrement déjà loin.

D'après un auteur inconnu, ce qui suit se trouve sur la tombe d'un évêque (1100 ap. J.-C.) dans les cryptes de l'Abbaye de Westminster :

« Quand j'étais jeune et libre et doté d'une imagination sans frein, je rêvais de changer le monde. Devenu plus sage avec les années, je compris que le monde ne changerait pas, alors je réduisis quelque peu mes visées et décidai de ne changer que mon pays.

Mais lui aussi semblait immuable.

En approchant de la vieillesse, suprême et désespérée tentative, je décidai de ne changer que ma famille, ceux dont j'étais le plus proche, hélas ! Ils ne voulaient rien entendre.

Et maintenant, étendu sur mon lit de mort, je comprends soudain : Si seulement je m'étais changé moi-même, alors à mon exemple ma famille aurait aussi changé.

De leur inspiration et de leur encouragement, j'aurais tiré la force d'améliorer mon pays et, qui sait, j'aurai peut-être même changé le monde. »

N'arrêtons pas de changer positivement, de nous améliorer et d'aller de l'avant. N'oublions jamais que pour avoir de nouveaux résultats il faut forcément devenir une nouvelle personne ; et pour devenir une nouvelle personne, il faut changer.

Dans l'un de ses livres, Howard HENDRICKS pose cette question : *« Comment avez-vous changé...dernièrement ? Disons, au cours de la dernière semaine, du dernier mois ou de la dernière année ? Pouvez-vous être très précis ? »*

Et vous ? *À quand remonte précisément votre dernier changement ? Qu'attendez-vous pour le prochain ?*

CHAPITRE DIX

CULTIVEZ VOTRE SPIRITUALITÉ

« La connaissance sans sagesse n'est d'une grande utilité, et il n'est de sagesse sans spiritualité. »

Isabel ALLENDE

La spiritualité est tout le sens de la vie de mes parents, ils ne vivent que de cela. J'ai grandi en les voyant respecter tous les piliers de l'Islam. Après l'attestation de la foi, je les vois toujours respecter la prière, et aux heures prescrites ; ils donnent chaque année la Zakat[9] et les autres recommandés, je les ai toujours vus jeûner. D'ailleurs, ils nous ont initiés à cela lorsque nous étions encore jeunes. Et ils ont tous deux effectué le pèlerinage à La Mecque.

Je les revois encore se coucher tard, étant occupés à leurs actes d'adoration et se réveiller tôt le matin malgré la difficulté, la fatigue et la fraîcheur matinale. La foi est assurément renforcée par une assiduité dans les actions, ils en sont la confirmation.

---

[9] Zakat : mot arabe traduit par « aumône légale » est le troisième des piliers de l'islam

Avec eux j'ai compris que la foi est comme un feu, si on ne prend pas la peine de l'entretenir, elle risque de s'éteindre. Il y a trop d'agents négatifs autour, prêt à l'éteindre. Mais si on prend la peine de bien l'entretenir, elle peut devenir une grande flamme qui détruira les voiles qui séparent la personne de son Seigneur et elle pourra aussi servir de phare pour les autres. Ils ont été un véritable modèle pour moi et pour plusieurs personnes. On dit souvent que les enfants ont l'habitude de s'identifier à leurs parents. D'ailleurs aujourd'hui si je lis le Coran fréquemment, j'écoute sa récitation ou je médite sur le sens de ses versets, c'est grâce à eux. Ils m'ont inscrit pour mon cycle primaire à l'école franco-arabe Bilal de Thiès où j'ai appris à lire l'arabe, le Coran et les bases de la religion. Ils m'ont ensuite amené pour le cycle secondaire à l'internat franco-arabe Annour de Sebikotane pour que je puisse parfaire mon éducation religieuse là-bas.

La spiritualité est le moyen le plus sûr pour tranquilliser un cœur. Comme disait l'autre : « *La foi enraie le poison de tout chagrin, élimine la piqûre de toute perte et éteint le feu de toute douleur ; et seule la foi en est capable.* » La foi est le moteur de l'action.

Mes parents m'ont transmis une spiritualité basée sur la tolérance et l'amour de l'autre, et que malgré nos différences, nous devons être unis. Une fois, je priais à l'aéroport de Dubaï avec un Français, un Anglais, un Arabe et un autre Africain. À la fin de la prière l'Anglais qui était à côté de moi me posa une question sur la réparation de prière, je lui répondis. Il me remercia et s'en alla. Je m'étais alors dit intérieurement que malgré toutes nos origines différentes, nous avions une même direction qui est La Mecque, un même livre : le Coran et une référence commune : la Souna Prophétique. Ce qui nous unit est plus important que ce qui nous désunit ; pourquoi donc se concentrer sur nos points de divergences ? Dans la Boussole de la Réussite, mon premier livre, il y est écrit : « *Vis ta vie religieuse comme tu la sens, comme tu la conçois mais dans le respect de ce qui est écrit et réglementé.* » Que chacun vive sa religion tout en respectant celle de l'autre.

Le bonheur ainsi que le repos et la tranquillité de l'âme, dépendent de notre croyance, de sa force ou sa faiblesse, son intensité ou sa froideur. Plus une personne multiplie les prières, plus elle sera en bonne humeur, son cœur s'apaisera, son âme se rendra heureuse et sa conscience, tranquille. Un jour j'étais en voyage dans un pays de l'Afrique de l'Ouest. Assis devant une boutique, une personne vint me trouver, me salua et me dit : « Comment allez-vous ? »

Avec le sourire je lui répondis : « Ça va, je vais très bien, Dieu merci ! Et vous ? »

- Vous provoquez ou quoi Monsieur ? Retorqua-t-il.

- Comment ça je provoque ? Lui répondis-je, pensant que j'avais dit quelque chose de trop.

- Si, si, vous provoquez ! Comment peut-on aller très bien dans ce pays si "chaud."

Un peu soulagé de n'avoir rien prononcé de trop, je lui dis : Cher monsieur, « aller bien » vient de l'intérieur d'abord, ça ne dépend pas des conditions extérieures. Ces dernières ne sont que des amplificateurs. Le bonheur vient de l'intérieur d'abord.

L'une des leçons que j'ai apprise à la maison c'est le rapport entre la spiritualité et le temporel. Ils ne sont pas opposés. Il est possible de vivre pleinement sa spiritualité tout en vivant pleinement aussi sa vie. C'est pour dire qu'il ne faut pas oublier sa part de vie ici-bas pour se tourner exclusivement vers la vie future, ni se tourner exclusivement vers ce bas monde et oublier la vie de l'au-delà. La vie terrestre n'est, ainsi, pas en soi une mauvaise chose, car c'est elle qui nous permet de préparer la vie future. Saint Ignace de Loyola disait : « *Travaille comme si tout dépendait de toi. Prie comme si tout dépendait de Dieu.* » Autant notre corps a besoin de bien s'alimenter pour supporter, autant notre cœur et notre âme ont besoin de bonnes œuvres et des prières pour se nourrir.

« Il était une fois un homme qui voulait transcender sa souffrance. Il se rendit à un temple bouddhiste pour trouver un Maître qui puisse l'aider. Quand il trouva le Maître, il lui demanda : « Maître, si je médite quatre heures par jour, combien de temps me faudra-t-il pour atteindre la transcendance ? »

Le Maître le regarda et lui dit : « Si tu médites quatre heures par jour, peut-être parviendras-tu à transcender ton existence dans 10 ans. »

Convaincu qu'il pouvait faire mieux que cela, l'homme lui demanda : « Oh Maître, et si je méditais huit heures par jour, combien de temps cela me prendrait-il ? »

Le Maître le regarda et lui répondit : « Si tu médites huit heures par jour, il te faudra probablement vingt ans. »

« Mais pourquoi cela me prendrait-il plus longtemps si je médite plus ? » Interrogea l'homme.

Le Maître lui répondit : « Tu n'es pas là pour sacrifier ta joie, ni ta vie. Tu es là pour vivre, pour être heureux et pour aimer. Si tu fais de ton mieux en méditant deux heures, mais que tu y consacres huit heures à la place, tu ne feras que te fatiguer, tu passeras à côté de ton objectif et tu n'apprécieras pas ton existence. Fais de ton mieux et peut-être apprendras-tu que, peu importe la durée de ta méditation tu peux vivre, aimer et être heureux. » »

Enfin, j'ai appris à coté de mes parents, et ce, depuis ma tendre enfance, que vivre heureux, c'est apprécier ce que l'on a sans jamais envier personne. Le véritable bonheur c'est apprécier ce que l'on a, se contenter de ce que l'on a, sans jamais envier les biens d'autrui. Ils sont riches car ils se fient et se soumettent entièrement à Dieu. C'est seulement le doute et le manque de confiance en Dieu qui engendrent l'avarice et la petitesse.

Un sage disait : « *Une foi qui emprisonne ne devrait pas être appelée telle quelle, car elle n'est "foi" qu'en apparence. Au fond, elle porte en elle le germe imperceptible du fanatisme. La FOI VÉRITABLE, c'est celle qui ennoblit le cœur, rajeunit l'âme, élève l'esprit, et tempère les sens. Elle vous introduit dans le beau mystère de la liberté, et vous fait tendre joyeusement vers une conscience plus profonde de l'autre, de l'ouverture, et de l'amour.* » Soyons ferme dans notre spiritualité et gardons notre cœur aussi doux.

Impression : Amazon

Dépôt légal : OCTOBRE 2019

Imprimé aux ETATS-UNIS